# BEI GRIN MACHT SICH IHR WISSEN BEZAHLT

# Big Data und Business Intelligence in der Logistik. Begriffsbestimmung, Nutzung und Entwicklungspotential

Thorsten Bauer

**Bibliografische Information der Deutschen Nationalbibliothek:**

Die Deutsche Nationalbibliothek verzeichnet diese Publikation in der Deutschen Nationalbibliografie; detaillierte bibliografische Daten sind im Internet über http://dnb.d-nb.de abrufbar.

ISBN: 9783346272188
Dieses Buch ist auch als E-Book erhältlich.

Druck und Bindung: Books on Demand GmbH, Norderstedt Germany
Gedruckt auf säurefreiem Papier aus verantwortungsvollen Quellen

Das vorliegende Werk wurde sorgfältig erarbeitet. Dennoch übernehmen Autoren und Verlag für die Richtigkeit von Angaben, Hinweisen, Links und Ratschlägen sowie eventuelle Druckfehler keine Haftung.

Das Buch bei GRIN: https://www.grin.com/document/939163

Wissenschaftliche Arbeit

im Fach Wissenschaftliches Arbeiten mit IT

# Big Data und Business Intelligence

# in der Logistik

Eingereicht von:      Thorsten Bauer

Bearbeitungszeitraum:      23.03.2019 bis 14.06.2019

# Inhaltsverzeichnis

# Abbildungsverzeichnis

# Abkürzungsverzeichnis

| | |
|---|---|
| BI | Business Intelligence |
| DSGVO | Datenschutzgrundverordnung |
| DWH | Data-Warehouse |
| ERP | Enterprise-Resource-Planning |
| ETL | Extraction, Transformation, Loading |
| MPP | Massively Parallel Processing |
| Navision | ERP-System der Firma Microsoft |
| SAP | ERP-System der Firma SAP |
| Terabyte | Einheit für sehr große Speicherkapazitäten; $2^{40}$ Byte |

# 1 Einführung

Aus einer Umfrage der Wirtschaftsprüfungsgesellschaft PWC im Jahre 2015 wurden Führungskräfte von 200 Logistikunternehmen aus Deutschland und dem europäischen Ausland zum Thema Big Data und Business Intelligence befragt.[1] In dieser Umfrage wurde unter anderem gefragt, ob die Logistiker sich mit dem Thema Big Data bereits auseinandergesetzt haben.[2] Das Ergebnis zeigt, dass sich ein gutes Drittel der befragten Logistikunternehmen noch nicht mit Big Data beschäftigt haben und über 70% davon haben dies auch künftig nicht vor.[3] Beim Thema Business Intelligence gab jeder dritte Logistiker an, mit einer eigenen oder manuellen Business-Intelligence-Lösung ohne Systemanbindung zu arbeiten.[4] Demnach lässt sich auf der einen Seite der Aufklärungsbedarf zum Thema Big Data und auf der anderen Seite der Nachholbedarf im Bereich Business Intelligence in der Logistikbranche feststellen.

Ziel dieser wissenschaftlichen Arbeit ist es, die beiden Begrifflichkeiten Big Data und Business Intelligence zu erklären und anhand dieser zwei Megatrends den Nutzen für die Logistik darzustellen. Ein besonderes Augenmerk wird dabei auf die Anwendung von Big Data in der Logistik sowie die Gestaltung und der Aufbau von logistischen cloudbasierten Business-Intelligence-Systemen gelegt.

# 2 Grundlagen Big Data und Business Intelligence

Im ersten Hauptabschnitt dieser wissenschaftlichen Arbeit werden die Begriffe Big Data und Business Intelligence näher eingegrenzt und definiert. Im weiteren Verlauf sollen die Entwicklungspotenziale von Big Data erörtert werden. Am Ende dieses Abschnitts wird auf die Funktionsweise von Business-Intelligence-Systemen eingegangen. Ziel ist es, ein Verständnis für die beiden Begrifflichkeiten zu schaffen.

---

[1] Vgl. PricewaterhouseCoopers GmbH online (2015), S. 3.
[2] Vgl. PricewaterhouseCoopers GmbH online (2015), S. 2.
[3] Vgl. PricewaterhouseCoopers GmbH online (2015), S. 3.
[4] Vgl. PricewaterhouseCoopers GmbH online (2015), S. 3.

## 2.1 Begriffsbestimmung

Als Big Data werden große Mengen an Daten bezeichnet.[5] Diese können beispielsweise Daten zum Online-Suchverhalten, Bewegungsdaten, Daten zum Kaufverhalten auf Konsumentenseite oder Produktionsdaten sowie Transportdaten auf Produzentenseite, die Konsumenten, Anwender und Unternehmen jeden Tag generieren.[6] Zunächst ermöglicht Big Data die anfallenden Datenmengen aus unterschiedlichen Systemen, Prozessen und Sensormessungen aufzunehmen, diese zu verarbeiten und zu speichern.[7]

Der Begriff Big Data lässt sich in der wissenschaftlichen Literatur nicht einheitlich definieren. Dennoch wird der Begriff im Folgenden auf Basis von Forschern zusammenfassend beschrieben. Die Definition vom Marktforschungsinstitut Gartner soll in dieser wissenschaftlichen Arbeit als Ausgangspunkt der Begriffsbestimmung dienen. Gartner definiert den Begriff Big Data in seinem Glossar als eine Verbindung aus den drei Dimensionen Volume (Größe), Velocity (Schnelligkeit) und Variety (Vielfältigkeit).[8] Jedoch müssen diesen Dimensionen jeweils noch das Zusatzwort „high" vorangestellt werden, also zum Beispiel high-velocity (große Schnelligkeit).[9] Erst dann wird laut Gartner aus diesen drei Worten in ihrer Kombination aus Daten Big Data. Die folgende Abbildung 1 soll die Definition von Gartner veranschaulichen.

---

[5] Vgl. Hofmann/Hofmann online (2019).
[6] Vgl. Hofmann/Hofmann online (2019).
[7] Vgl. Spangenberg et al. (2017), S. 43.
[8] Vgl. Gartner online (o.J.).
[9] Vgl. Gartner online (o.J.).

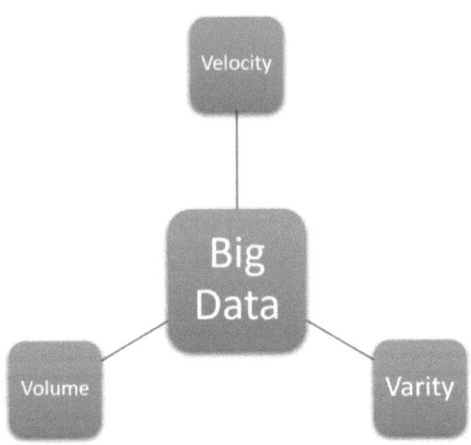

*Abbildung 1: Die drei Dimensionen von Big Data*

Unter Business Intelligence (BI) werden eine Reihe von Werkzeugen für die Bereitstellung, Aufbereitung und Analyse von Daten subsumiert.[10] Bei der Begriffsbestimmung von Business Intelligence wird der bedeutungsreiche englische Begriff *Intelligence* in diesem Zusammenhang als *Information* verstanden, die es zu generieren, speichern, recherchieren, analysieren, interpretieren und zu verteilen gilt.[11]

Wie bereits bei dem Begriff Big Data gibt es keine allgemein anerkannte Definition des Terminus. Auch aus Sicht der Wissenschaft bestehen kaum aussagekräftige Argumente für die Notwenigkeit der Begrifflichkeit Business Intelligence.[12] BI kann vielmehr als Sammelbezeichnung für Anwenderwerkzeuge verstanden werden und ist für eine nähere Eingrenzung verzichtbar.[13] Dennoch wird der Begriff BI im deutschen Sprachraum sehr gängig verwendet. Das liegt vor allem an der immer stärker werdenden Verwendung von englischsprachigen Anglizismen, besonders im Bereich der Informationstechnologie.

---

[10] Vgl. Baars/Lasi (2016), S. 286.
[11] Vgl. Kemper/Mehanna/Unger (2006), S. 8.
[12] Vgl. Kemper/Mehanna/Unger (2006), S. 2.
[13] Vgl. Kemper/Mehanna/Unger (2006), S. 2.

## 2.2 Entwicklungspotenziale Big Data

Wie Gluchowski feststellt, werden Daten im Unternehmen längst nicht mehr als notwendiges Übel der Informationsverarbeitung verstanden, sondern als wichtige Ressource, die einerseits Informationen zur effektiven Steuerung des operativen Geschäftes liefert und andererseits auch großes Potenzial zum Aufbau von Wettbewerbsvorteilen bietet.[14]

Big Data hat insbesondere das Entwicklungspotenzial, Transparenz zu schaffen und somit dem Unternehmen einen besseren Überblick über die Geschäftsprozesse zu liefern.[15] Somit hilft Big Data Unternehmen besser fundierte Entscheidungen zu treffen.[16] Weiterhin wird mit der Nutzung von Big Data versucht, Spielraum für erweiterte Simulationen zu schaffen.[17] Dabei wird das Ziel verfolgt, Daten in Echtzeit zu nutzen und daraus kontrollierte Experimente zu erstellen.[18] Mit der Nutzung von Big Data wird weiterhin versucht durch die Datenidentifikation, -sammlung und -bereitstellung bereichsübergreifendes Potenzial zu schaffen.[19] Durch die Analyse umfangreicher Daten in Echtzeit können verbesserte Entscheidungen als vollautomatischer Prozess oder als Entscheidungsgrundlage für das Management erstellt werden.[20] Ein weiterer Nutzen stellen die neuen Analysemöglichkeiten zur Anpassung verschiedener Geschäftsprozessen dar, die besonders in datenintensiven Unternehmen Anwendung finden.[21] Durch den Erkenntnisgewinn können Unternehmen, wie eBay, Amazon oder Netflix ihre Prozesse vollständig an ihren individuellen Geschäftsdaten ausrichten und dadurch sehr schnell auf neue Kundeninteressen und Marktveränderungen reagieren.[22]

## 2.3 Funktionsweise von Business-Intelligence-Systemen

Im Folgenden soll die Funktionsweise von BI-Systemen näher erläutert werden. Dabei wird der grobe Aufbau einer Business-Intelligence-Lösung skizziert. Wie Dorschel

---

[14] Vgl. Gluchowski (2016), S. 228.
[15] Vgl. Bikom online (2012), S. 9.
[16] Vgl. Bikom online (2012), S. 9.
[17] Vgl. Bikom online (2012), S. 9.
[18] Vgl. Bikom online (2012), S. 9.
[19] Vgl. Winter (2016), S. 76.
[20] Vgl. Bikom online (2012), S. 9.
[21] Vgl. Kohlhammer/Proff/Wiener (2016), S. 317.
[22] Vgl. Kohlhammer/Proff/Wiener (2016), S. 317.

urteilt, bieten sich BI-Lösungen an, um systematische Analysen und Auswertungen zu verfügbaren Daten, wie aus Big-Data-Quellen zu erstellen.[23] „Grundlage jeder erfolgreichen Anwendung im Business-Intelligence-Umfeld sind konsistente, stimmige Daten, deren Bereitstellung in aller Regel mit Hilfe von sogenannten *Data-Warehouse-Konzepten* – bestehend aus Core- Data-Warehouse und Data-Marts – erfolgt.“[24] Sie werden als themenbezogene, integrierte Datenhaltungssysteme definiert, bei denen die voraggregierten Daten dauerhaft abgelegt werden.[25] In einem Data-Warehouse werden aus den internen Geschäftsprozessen und externen Quellen stammenden Daten in einheitlicher Art und Weise – informatiktechnisch, statistisch und semantisch – integriert.[26] Mit Hilfe von sogenannten *ETL-Prozessen* werden die Daten aus den operativen Systemen im Zuge des Transformationsprozesses in die dispositive Datenhaltung des Data-Warehouses überführt.[27] Die Bezeichnung *ETL* leitet sich aus den englischen Bezeichnungen für „Extraction“, „Transformation“ und „Loading“ ab und steht für die Teilschritte dieses Prozesses.[28] Die zentrale Data-Warehouse -Datenbank, auch als *Core-Data-Warehouse* bezeichnet, stellt das zentrale Herzstück einer solchen Architektur dar.[29]

Die extrahierten Daten aus den internen oder externen Quellen werden dort oftmals dauerhaft in einer relationalen Datenbank eingelagert und erreichen oft durchaus eine Größe von mehreren Terabyte.[30] Um die Daten nun bereichs- und themenspezifisch vor zu aggregieren, werden diese mithilfe von ETL-Prozessen in kleinere Datenpools, den sogenannten *Data-Marts* abgespeichert.[31] Die sogenannten *Metadaten* können als Daten über Daten oder Funktionen erklärt werden.[32] Metadaten beschreiben dabei nicht nur syntaktische Aspekte der Daten, wie Bezeichner, Datentyp oder Länge, sondern auch technische Gesichtspunkte wie projekt- und programmbezogene Angaben oder statistische und semantische Eigenschaften.[33] Als Vorstufe eines Data-Warehouses beinhaltet ein

---

[23] Vgl. Dorschel (2015), S. 158.
[24] Kemper/Mehanna/Unger (2006), S. 10.
[25] Vgl. Kemper/Mehanna/Unger (2006), 10f.
[26] Vgl. Müller/Lenz (2013), S. 13.
[27] Vgl. Kemper/Mehanna/Unger (2006), S. 22.
[28] Vgl. Kemper/Mehanna/Unger (2006), S. 22.
[29] Vgl. Kemper/Mehanna/Unger (2006), S. 22.
[30] Vgl. Kemper/Mehanna/Unger (2006), S. 22.
[31] Vgl. Kemper/Mehanna/Unger (2006), S. 22.
[32] Vgl. Müller/Lenz (2013), S. 32.
[33] Vgl. Müller/Lenz (2013), S. 32.

*Operational-Data-Store* aktuelle Daten aus unterschiedlichen operativen Systemen und stellt diese bereit.[34]

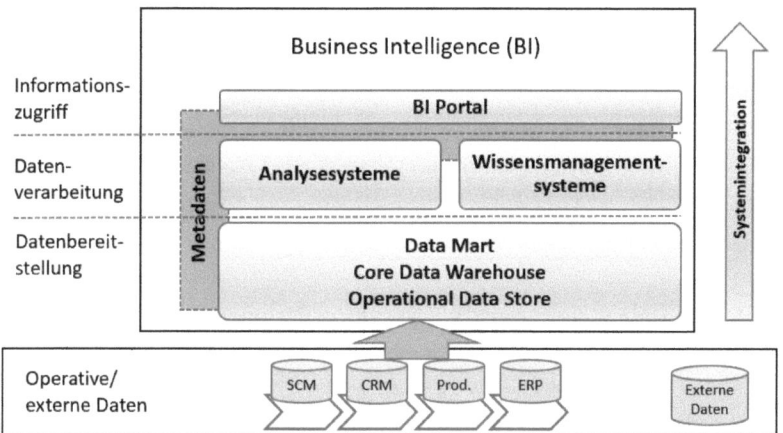

QUELLE: EIGENE DARSTELLUNG AUF BASIS VON KEMPER/MEHANNA/UNGER (2006), S. 10 (BI-ORDNUNGSRAHMEN)

*Abbildung 2: Aufbau und Gestaltung von BI-Systemen*

Die Abbildung 2Abbildung 1 veranschaulicht die unterschiedlichen Komponenten von Business-Intelligence-Systemen, die aus den beschriebenen Elementen Core-Data-Warehouse, Data-Marts, Operational-Data-Store und Metadaten bestehen.

# 3 Nutzung von Big Data und Business-Intelligence-Systemen in der Logistik

Die Logistik gehört zu den Hauptfunktionsbereichen der Betriebswirtschaftslehre und umfasst die Planung, Steuerung, Koordination, Durchführung und Kontrolle aller internen und externen Informations- und Güterflüsse in einem Unternehmen.[35] Dabei steht im Zentrum die ständige Optimierung von Geschäftsprozessen.[36] Damit wird das Ziel verfolgt, die Kosten nachhaltig zu verringern und ressourcensparend alle Mitwirkenden der

---

[34] Vgl. Kemper/Mehanna/Unger (2006), S. 22.
[35] Vgl. Hausladen (2016), S. 3.
[36] Vgl. Kraus (2013), S. 8.

Lieferkette miteinander zu verbinden.[37] Seit jeher sind Informationen für die Logistik von herausragender Bedeutung, um die Ziele zwischen Vernetzung und Kostenoptimierung erreichen zu können.[38]

Die Nutzung von Big Data ist ebenso mit Herausforderungen und Risiken verbunden. Diese sollen im Abschnitt 3.1 an einigen Beispielen thematisiert werden. Im darauffolgenden Abschnitt soll die Nutzung von Big Data in der Logistik am Beispiel DHL Resilience360 dargestellt werden. In Unternehmen können verschiedene BI-Lösungen zum Einsatz kommen. Ein innovativer cloudbasierter Ansatz eines BI-Systems soll im letzten Abschnitt erläutert werden.

## 3.1 Big Data in der Logistik – Herausforderungen und Risiken

Um in der Logistik Produktionsmengen und Lieferketten zeitnah zu optimieren, müssen unterschiedliche Daten in Sekundenbruchteilen ausgewertet werden.[39] Wie können diese großen Datenmengen in kürzester Zeit analysiert werden? Die Lösung aus technologischer Sicht ist Skalierbarkeit nach dem Prinzip „teile und herrsche".[40] Hierbei wird das Gesamtproblem in viele Teilprobleme zerlegt.[41] Dadurch ist es möglich durch massiv parallele Verarbeitung (Processing) kurz MPP, die Berechnung von Teilschritten auf viele Rechner zu verteilen.[42]

Spätestens mit der Einführung der Datenschutzgrundverordnung (DSGVO) zum 25.05.2018 durch die Europäische Union und die Neufassung des Bundesdatenschutzgesetzes (BDSG-neu) ist der Schutz von personenbezogenen Daten in den Fokus der Unternehmen gerückt. Auch in der Logistik werden personenbezogene Daten verarbeitet. Diese werden in der Regel jedoch nicht selbst erhoben, sondern die Logistiker erhalten diese von einem externen Vertragspartner.[43] Bei einer solchen Auftragsverarbeitung nutzt der externe Dienstleister die personenbezogenen Daten für einen anderen Auftraggeber.[44]

---

[37] Vgl. Kraus (2013), S. 8.
[38] Vgl. Hofmann/Hofmann online (2019).
[39] Vgl. Bikom online (2012), S. 39.
[40] Vgl. Dorschel (2015), S. 82.
[41] Vgl. Dorschel (2015), S. 82.
[42] Vgl. Dorschel (2015), S. 82.
[43] Vgl. Bremers online (2018).
[44] Vgl. Bremers online (2018).

Dabei muss jedoch beachtet werden, dass die Daten nur nach den konkreten Weisungen des Auftraggebers genutzt werden und ein Vertrag zur Auftragsverarbeitung geschlossen wird.[45] Bei Nichtbeachtung der Vorschriften drohen dem Unternehmen hohe Bußgelder, die sich im Zuge der Einführung der DSGVO noch einmal drastisch erhöht haben.[46] Die Verantwortung zur Einhaltung der datenschutzrechtlichen Vorschriften liegen bei der Verarbeitung der Daten im eigenen Unternehmen immer bei dem Lieferanten.[47]

Eine – noch viel zu unbeachtete – Einflussgröße ist der Faktor Mensch. Die Unterstützung jedes einzelnen Mitarbeiters auf allen Ebenen des Unternehmens sowohl in den Fachbereichen als auch in den IT-Bereichen ist hierbei von essentieller Bedeutung.[48] Wie Dorschel darstellt, fehlt oft in den unteren und mittleren Führungsbereichen in vielen Fällen die Akzeptanz und Unterstützung zur Etablierung von geeigneten BI-Lösungen zur Nutzung von Big-Data-Quellen.[49] Gründe hierzu sind vor allem persönliche Befindlichkeiten sowie abteilungs- und bereichspolitisch motivierte Aspekte.[50]

## 3.2 Nutzung von Big Data am Beispiel DHL Resilience360

Im anschließenden Abschnitt soll der Nutzen von Big Data in der Logistik am Beispiel DHL Resilience360 veranschaulicht werden. DHL ist ein Unternehmen des Logistikkonzerns Deutsche Post DHL Group und ist weltweit führend im Bereich Logistik.[51] Mit mehr als 510.000 Mitarbeitern hat DHL ein umfangreiches Serviceportfolio von internationalen Expressversand bis Supply-Chain-Management.[52] Bei der Risikomanagement Lösung DHL Resilience360 handelt es sich um eine innovative cloudbasierte Plattform zum Überwachen und Visualisieren von Risiken entlang der Lieferkette.[53]

Das Analytics-Tool kombiniert dabei über Jahre hinweg systematisch gesammelte Lieferkettendaten mit Informationen der umfangreichsten Risikodatenbanken, die auf dem

---

[45] Vgl. Bremers online (2018).
[46] Vgl. Datenschutzbeauftragter-Info online (2017).
[47] Vgl. Bremers online (2018).
[48] Vgl. Dorschel (2015), S. 86.
[49] Vgl. Dorschel (2015), S. 86.
[50] Vgl. Dorschel (2015), S. 86.
[51] Vgl. DHL online (2019).
[52] Vgl. DHL online (2019).
[53] Vgl. DHL Resilience360 online (o.J.).

Markt verfügbar sind.[54] Weiterhin kann DHL durch die Auswertung von Millionen von DHL-Versanddatensätzen aus der Vergangenheit die Wahrscheinlichkeit und mögliche Dauer von Versandstörungen, die durch Unterbrechungen entlang der Verkehrsknotenpunkte entstehen, vorhersagen.[55] Um Auswirkungen bestimmter Geschäftsrisiken entlang der Lieferkette abschätzen zu können, fließen in die Analyse unter anderem der DHL-Risk-Exposure-Index, ein gewichteter Index mit mehr als 30 Risikokategorien sowie Informationen über die Lieferkette des Kunden und Daten über potenzielle Geschäftsauswirkungen, ein.[56] Das Ziel von DHL Resilience360 ist die benutzerfreundliche Visualisierung und Darstellung von aussagekräftigen Daten sicherzustellen, um Unternehmen dabei zu helfen einen transparenten Überblick über die eigene Lieferkette zu erhalten.[57] Auf Grundlage der Informationen aus Resilience360 ist DHL in der Lage, die gesamte Lieferkette des Kunden zu visualisieren und spezifische Vorhersagen zu treffen.[58] Zum Beispiel kann durch das Analytics-Tool ermittelt werden, wie hoch die Eintrittswahrscheinlichkeit eines Schiffbruchs ist.[59]

## 3.3 Innovative cloudbasierte Business-Intelligence-Systeme in der Logistik

In der Logistik wird häufig eine prozessorientierte Sicht vorgefunden, da diese seit jeher einen Querschnittscharakter innehat.[60] Die Informationstechnik ist somit für die Logistik von herausragender Bedeutung.[61] Zum Aufbau einer geeigneten BI-Lösung in der Logistik bietet sich als ganzheitliches Instrument des Datenmanagements eine Data-Warehouse-Lösung an.[62] Gründe sind vor allem zum Beispiel die ungeeignete Strukturierung der Daten in ERP-Systemen, keine Auswertungsmöglichkeiten über mehrere ERP-

---

[54] Vgl. Postbranche online (2017).
[55] Vgl. Postbranche online (2017).
[56] Vgl. Schreier online (2017).
[57] Vgl. Postbranche online (2017).
[58] Vgl. Schreier online (2017).
[59] Vgl. Postbranche online (2017).
[60] Vgl. Baars/Lasi (2016), S. 287.
[61] Vgl. Baars/Lasi (2016), S. 287.
[62] Vgl. Hausladen (2016), S. 78.

Systeme hinweg und die kritische Belastung durch Auswertungen in ERP-Systemen, die zum Stillstand der operativen Systeme führen kann.[63]

Nach Weirauch sind Data-Warehouse-Systeme und ERP-Systeme „[...] schon heute attraktive Kandidaten für die Nutzung aus der Cloud."[64] Der Begriff Cloud steht hier als Synonym für das Internet. [65] In diesem Sinne meint der Begriff cloudbasiertes BI-System ein internetbasiertes BI-System.[66] Durch den Einsatz von cloudbasierten Business-Intelligence-Systemen kann auf den Aufbau oder die ständige Aktualisierung einer eigenen IT-Infrastruktur – einschließlich Lizenzgebühren für standardisierte Software, IT-Spezialisten und Strombedarf für Kühlung und Betrieb – verzichtet werden.[67] Diese Tatsache reduziert die informationstechnologischen Kosten drastisch.[68]

Ein weiterer Vorteil cloudbasierter BI-Lösungen ist der schnelle Aufbau entsprechender Infrastrukturen zur Datenvorhaltung und -analyse.[69] Dabei werden die entsprechenden DWH- und Analysesysteme in eine cloudbasierte Vorhaltung überführt und haben somit den Vorzug auch in kürzester Zeit an geänderte Rahmenbedingen angepasst werden zu können.[70] Ebenso ist es möglich durch cloudbasierte Lösungen die logistischen Abläufe stark zu vereinfachen und dafür zu sorgen, dass der Fahrer oder Verlader direkt vor Ort mit dem SAP-, oder Navision-System in der Abrechnungsstelle kommunizieren kann.[71] Zudem kann der Fahrer oder Verlader ohne tiefgreifende SAP-Kenntnisse auf die Systeme zugreifen.[72] Dies funktioniert mobil per Smartphone und Tablet und ist demnach papierlos, benutzerfreundlich und kostengünstig.[73]

---

[63] Vgl. Dorschel (2015), S. 158.
[64] Weirauch (2015), S. 82.
[65] Vgl. Weirauch (2015), S. 78.
[66] Vgl. Weirauch (2015), S. 78.
[67] Vgl. Weirauch (2015), S. 79.
[68] Vgl. Weirauch (2015), S. 79.
[69] Vgl. Baars/Kemper (2011), S. 7.
[70] Vgl. Baars/Lasi (2016), S. 295.
[71] Vgl. Weirauch (2015), S. 82.
[72] Vgl. Weirauch (2015), S. 82.
[73] Vgl. Weirauch (2015), S. 82.

# 4 Zusammenfassung und Ausblick

Unter dem Begriff Big Data werden große Datenmengen aus vielfältigen Quellen subsumiert, die in hoher Geschwindigkeit analysiert werden, um daraus wirtschaftlichen Nutzen zu erzeugen.[74] Die Entwicklungspotenziale von Big Data sind vielfältig. Durch die Nutzung von Big-Data-Quellen können Unternehmen ihre Basis für Management-Entscheidungen erweitern und somit Wettbewerbsvorteile erzielen.[75]

Aus den bisher dargestellten Erkenntnissen lässt sich die folgende Fragestellung ableiten: Wie kann die Logistik die Entwicklungspotenziale, die in der Verwendung von Big Data stecken, nutzen? Aus wissenschaftlicher Sicht steht fest, dass das Zusammenspiel zwischen Logistik- und Entscheidungsprozessen, Big-Data-Methoden, wie BI-Lösungen und Daten von herausragender Bedeutung ist.[76] Neben den Entwicklungspotenzialen birgt die Nutzung von Big Data jedoch auch einige Herausforderungen und Risiken. Der Aspekt des Datenschutzes sowie der Einflussfaktor Mensch muss bei der Analyse von Big-Data-Quellen beachtet werden. Die innovative cloudbasierte Plattform DHL Resilience360 kann zum Überwachen und Visualisieren von Risiken entlang der Lieferkette in Sekundenbruchteilen die Wahrscheinlichkeit und mögliche Dauer von Versandstörungen vorhersagen. Ein weiterer Trend sind cloudbasierte BI-Systeme in der Logistik. Im letzten Kapitel wird ein solches System, bestehend aus einer cloudbasierten Data-Warehouse und ERP-Architektur, vorgestellt. Big Data und Business Intelligence gehören zu den großen Wirtschaftsthemen der heutigen Zeit. Daher gilt es für Logistiker sich „[…] lieber früher als später mit der Software zur Erfassung, Verarbeitung und Auswertung von Big Data […]"[77] zu befassen. Zur Steigerung der Agilität in der Logistik sollte die Einbindung von Big-Data-Ansätzen sowie die Möglichkeit cloudbasierter Lösungen in Betracht gezogen werden.[78] Zusammenfassend lässt sich feststellen, dass bei allen Bedenken, die bei der Nutzung von cloudbasierten Lösungen einhergehen, mit hinzureichender Sicherheit vorhergesagt werden kann, dass diese weiter anwachsen werden.[79]

---

[74] Vgl. Bikom online (2012), S. 7.
[75] Vgl. Bikom online (2012), S. 8.
[76] Vgl. Spangenberg et al. (2017).
[77] Hofmann/Hofmann online (2019).
[78] Vgl. Baars/Lasi (2016), S. 298.
[79] Vgl. Weirauch (2015), S. 85.

# Literaturverzeichnis

**Baars/Kemper (2011)**: Baars, Henning; Kemper, Hans-Georg: Ubiquitous Computing - an Application Domain for Business Intelligence in the Cloud?, 2011.

**Baars/Lasi (2016)**: Baars, Henning; Lasi, Heiner: Innovative Business-Intelligence-Anwendungen in Logistik und Produktion, in: Peter Gluchowski/Peter Chamoni (Hrsg.): Analytische Informationssysteme, Berlin, Heidelberg: Springer Berlin Heidelberg, 2016, S. 283–302.

**Bikom online (2012)**: Bikom: Big Data im Praxiseinsatz – Szenarien, Beispiele, Effekte: https://www.bitkom.org/sites/default/files/pdf/noindex/Publikationen/2012/Leitfaden/Leitfaden-Big-Data-im-Praxiseinsatz-Szenarien-Beispiele-Effekte/BITKOM-LF-big-data-2012-online1.pdf, zuletzt geprüft am 14.04.2019.

**Bremers online (2018)**: Bremers, Ivan: Die Datenschutzgrundverordnung in der Logistik: https://www.logistik-watchblog.de/recht/1475-datenschutzverordnung-logistik.html, zuletzt geprüft am 15.04.2019.

**Datenschutzbeauftragter-Info online (2017)**: Datenschutzbeauftragter-Info: Datenschutz-Grundverordnung: Bußgelder und Sanktionen Teil 2: https://www.datenschutzbeauftragter-info.de/datenschutz-grundverordnung-bussgelder-und-sanktionen-teil-2/, zuletzt geprüft am 21.04.2019.

**DHL online (2019)**: DHL: Über uns | DHL Informationen: Informationen über DHL und den Konzern: https://www.dhl.de/de/geschaeftskunden/ueber-uns.html, zuletzt geprüft am 21.04.2019.

**DHL Resilience360 online (o.J.)**: DHL Resilience360: About Us | DHL Resilience360: https://www.resilience360.dhl.com/about/, zuletzt geprüft am 21.04.2019.

**Dorschel (2015)**: Dorschel, Joachim: Praxishandbuch Big Data, Wiesbaden: Springer Fachmedien Wiesbaden, 2015.

**Gartner online (o.J.)**: Gartner: Gartner IT Glossary - Big Data: https://www.gartner.com/it-glossary/big-data, zuletzt geprüft am 06.04.2019.

**Gluchowski (2016)**: Gluchowski, Peter: Entwicklungstendenzen bei Analytischen Informationssystemen, in: Peter Gluchowski/Peter Chamoni (Hrsg.): Analytische Informationssysteme, Berlin, Heidelberg: Springer Berlin Heidelberg, 2016, S. 225–238.

**Gluchowski/Chamoni (2016)**: Gluchowski, Peter; Chamoni, Peter: Analytische Informationssysteme, Berlin, Heidelberg: Springer Berlin Heidelberg, 2016.

**Hausladen (2016)**: Hausladen, Iris: IT-gestützte Logistik, Wiesbaden: Springer Fachmedien Wiesbaden, 2016.

**Hofmann/Hofmann online (2019)**: Hofmann, Benedikt; Hofmann, Sebastian: Was ist Big Data? Analytics, Definition, Bedeutung & Beispiele: https://www.mm-logistik.vogel.de/was-ist-big-data-analytics-definition-bedeutung-beispiele-a-565641/, zuletzt geprüft am 03.04.2019.

**Kemper/Mehanna/Unger (2006)**: Kemper, Hans-Georg; Mehanna, Walid; Unger, Carsten: Business Intelligence - Grundlagen und praktische Anwendungen: Eine Einführung in die IT-basierte Managementunterstützung, 2., ergänzte Auflage, Wiesbaden: Friedr. Vieweg & Sohn Verlag/GWV Fachverlage GmbH Wiesbaden (IT erfolgreich lernen), 2006.

**Kohlhammer/Proff/Wiener (2016)**: Kohlhammer, Jörn; Proff, Dirk U.; Wiener, Andreas: Der Markt für Visual Business Analytics, in: Peter Gluchowski/Peter Chamoni (Hrsg.): Analytische Informationssysteme, Berlin, Heidelberg: Springer Berlin Heidelberg, 2016, S. 303–323.

**Kraus (2013)**: Kraus, Hans: Big Data: Einsatzfelder und Herausforderungen. Arbeitspapier der FOM, Essen, 2013, Nr. 41.

**Müller/Lenz (2013)**: Müller, Roland M.; Lenz, Hans-Joachim: Business Intelligence, Berlin, Heidelberg: Springer Berlin Heidelberg, 2013.

**Postbranche online (2017)**: Postbranche: Neues DHL Resilience360 Analytics Tool sagt Risiken für Lieferketten voraus: https://www.postbranche.de/2017/09/21/neues-dhl-resilience360-analytics-tool-sagt-risiken-fuer-lieferketten-voraus/, zuletzt geprüft am 21.04.2019.

**PricewaterhouseCoopers GmbH online (2015)**: PricewaterhouseCoopers GmbH: Data Analytics in der Logistik: Im Windschatten oder auf der Überholspur?: https://digital.pwc-tools.de/logistik/wp-content/uploads/sites/10/2015/10/PwC_Summary_Data_Analytics_in_der_Logistik_2015.pdf, zuletzt geprüft am 09.04.2019.

**Schreier online (2017)**: Schreier, Jürgen: Analytics Tool sagt Risiken für Lieferketten voraus: https://www.industry-of-things.de/analytics-tool-sagt-risiken-fuer-lieferketten-voraus-a-650547/, zuletzt geprüft am 20.05.2019.

**Spangenberg et al. (2017)**: Spangenberg, Norman et al.: Big Data in der Logistik: Ein ganzheitlicher Ansatz für die datengetriebene Logistikplanung, -überwachung und -steuerungNr. 33, 2017, S. 43–47. Online verfügbar unter https://www.industrie-management.de/sites/industrie-management.de/files/pdf/spangenberg_Big-Data-in-der-Logistik_IM-2017-4.pdf, zuletzt geprüft am 07.04.2019.

**Voß (2015)**: Voß, Peter H.: Logistik – eine Industrie, die (sich) bewegt, Wiesbaden: Springer Fachmedien Wiesbaden, 2015.

**Weirauch (2015)**: Weirauch, Philipp: Cloud Computing in der Logistik, in: Peter H. Voß (Hrsg.): Logistik – eine Industrie, die (sich) bewegt, Wiesbaden: Springer Fachmedien Wiesbaden, 2015, S. 77–85.

**Winter (2016)**: Winter, Robert: Analytische Informationssysteme aus Managementsicht: lokale Entscheidungsunterstützung vs. unternehmensweite Informations-Infrastruktur, in: Peter Gluchowski/Peter Chamoni (Hrsg.): Analytische Informationssysteme, Berlin, Heidelberg: Springer Berlin Heidelberg, 2016, S. 67–95.